Kleine feine
Papier-ideen

Kleine feine

Papier-ideen

Claire Richardson

Fotos von Polly Wreford

Textbeiträge von Elizabeth Machin

ARTEA

冥都銀行
1-48338

INHALT

Faszination Papier

Ist es nicht ein prickelndes Gefühl, eine leckere Praline aus ihrer knisternden Hülle zu befreien, einen handgeschriebenen Briefumschlag aus edlem Bütten zu öffnen oder ein Geschenk aus raschelndem Seidenpapier zu wickeln? Papier ist und bleibt unübertroffen, wenn es um die schönsten Botschaften im Leben geht.

Seinem ausgesprochen sinnlichen Charakter ist es zu verdanken, daß Papier längst nicht mehr nur dort verwendet wird, wo es um Geschriebenes und Gedrucktes geht. Ob bei der Gestaltung der eigenen vier Wände oder der Ausrichtung einer Geburtstagsparty, als unerschöpflicher Fundus für dekorative Zwecke ist es nicht mehr wegzudenken. Selbst als Rohstoff für

Möbel hat sich Papier inzwischen bewährt. Und last not least ist es dabei, auch in der Modebranche so manchen Laufsteg zu erobern.

Werfen Sie einen Blick in die unendliche Vielfalt der Welt des Papiers und lassen Sie sich einfach inspirieren. Sie finden in diesem Buch zahlreiche Beispiele, wie Sie alltäglichen Dingen Ihre ganz persönliche Note verleihen können, ganz gleich, ob es um Visitenkarten, Briefpapier, originelle Geschenkverpackungen oder um Ihr Ordnungssystem im Arbeitszimmer geht. Sie finden Dekorationen für festliche Anlässe und lustige Ideen für Kinderfeste oder Familienfeiern. Erleben Sie außerdem, was passiert, wenn man Papier wie Stoff verwendet. Oder wie man aus Papier dekorative Lampen, Wandschirme, Bilderrahmen und Schachteln zaubert. Und das Wichtigste von allem – Ihrer eigenen Phantasie sind keinerlei Grenzen gesetzt.

Papier-
sorten

Papier begleitet uns seit beinahe zweitausend Jahren. Erfunden wurde es in China. Über die Seidenstraße und die Handelswege der Araber gelangte es nach Europa, wo es erst ab dem 12. Jh. hergestellt wurde. 1390 ging bei Nürnberg die erste deutsche Papiermühle in Betrieb, und um 1800 begann die maschinelle Massenproduktion. Weil Papier für uns heute so selbstverständlich ist, vergessen wir oft, daß es sich um ein Naturprodukt handelt. Da vor allem Bäume den Rohstoff für die florierende Papierindustrie liefern, ist es sinnvoll, Produkte aus Recyclingpapier zu kaufen und Altpapier in die Wiederaufbereitung zu geben.

Grundsätzlich unterscheidet man handgeschöpftes Büttenpapier, Imitationsbütten und Maschinenpapier sowie fernöstliche und westliche Herstellungsverfahren. Papier wird aus den unterschiedlichsten Fasern hergestellt, etwa Blättern, Gräsern und Flachs, aber auch aus Baumwoll- und Leinenhadern, den sogenannten Linters.

Handgeschöpftes Papier besteht aus Einzelbögen mit ungleichmäßigen Büttenrändern und ist meist von hervorragender Qualität, aber auch entsprechend teuer.

Aus aller Welt

In Japan hat die Papierherstellung eine lange Tradition. Das japanische Wort für Papier, *Washi*, setzt sich aus *wa* (Japan) und *shi* (Papier) zusammen. Es handelt sich dabei um Handpapier (*Washi Tesuki)* oder Maschinenpapier *(Washi Kikaizuki)* aus unterschiedlichen Anteilen der drei Grundfasern *kozo, gampi* und *mitsumata*. Hunderte von Papiersorten werden aus den robusten *kozo*-Fasern hergestellt, so etwa Kozo Gampi Torinoko, das offizielle

RECHTS: Aufgerollte Bahnen Maschinenbütten; nicht nur in weiß, sondern in vielen Farbschattierungen erhältlich. LINKS: Handgeschöpftes indisches Khadi-Papier mit Ringelblumen.

japanische Behördenpapier. Mitsumatashi ist ein edles Papier für feinste Detaildrucke und Stiche. Manche Namen beziehen sich auf den Verwendungszweck, so etwa Kasagami, »Regenschirmpapier«, und Shoji-Gami, »Wandschirmpapier«. Das wie zarte Spitze wirkende Uminami-Papier hat hinreißende Muster aus Spiralen, Schneeflocken, Wellen und Fächern.

Aus Indien kommen die handgeschöpften Khadi-Papiere. Sie werden aus Baumwollhadern gemacht und eignen sich für Aquarelle, Zeichnungen und Drucke. Sie werden sowohl mit glatter als auch mit rauher bzw, gekörnter Oberfläche angeboten und dienen mit Grundierung auch als Malgrund für Ölmalerei. Viele traditionelle indische Papiere weisen natürliche Einschlüsse aus Teeblättern, Gräsern oder Blüten auf.

Weitere exotische Sorten sind Washi-Papier aus Nepal und Lokta-Papiere aus der Rinde des im nepalesischen Hochland heimischen Seidelbasts, deren Palette von duftigem Seidenpapier bis zu dickem Strukturkarton reicht und ideal für Drucke und Collagen ist, während sich das leichte bis mittelschwere Washi gut für Tuschearbeiten eignet.

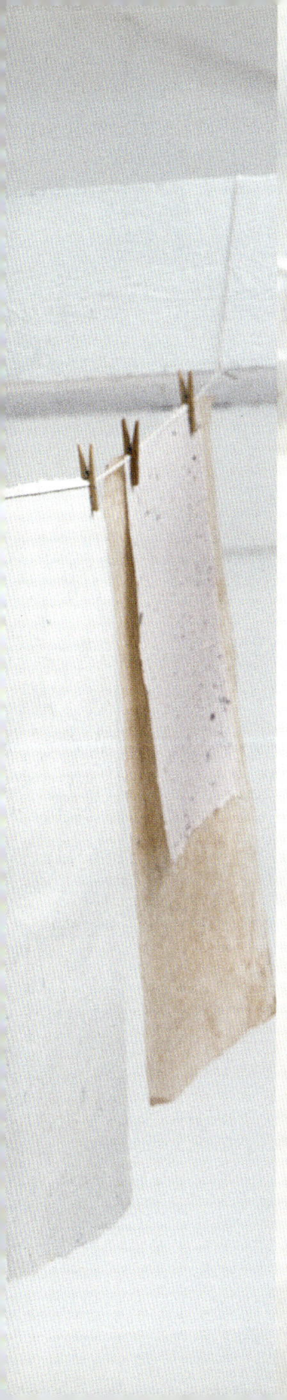

GEGENÜBER: Eine Auswahl an handgeschöpften Papieren aus der ganzen Welt, einige Sorten davon mit natürlichen Einschlüssen wie Pflanzenteilen und Blütenblättern. **DIESE SEITE:** handgeschöpftes Papier aus reinem Flachs.

Natürliche Zutaten

Handpapiere werden in vielen Farben, Oberflächenstrukturen und Qualitäten angeboten und spiegeln oft lokale Vorlieben wider. So werden etwa in Argentinien Apfel-, Rettich- oder Rübenscheiben in Papierbögen eingeprägt. In Brasilien gibt es sogar ein mit Knoblauchstückchen gesprenkeltes Papier. Sehr sinnlich wirken auch Papiersorten wie das weiche, weiße Fleurs aus Frankreich, das je nach Saison ortstypische Blüten, Gräser und Blätter enthält. Die italienische Firma Fabriano koloriert feine Papiere mit den satten Erdpigmenten der umliegenden Region. In Großbritannien sind gefärbte und strukturierte Papiersorten oft nach ihren Bestandteilen benannt, etwa *bracken* (Adlerfarn), *mulberry* (Maulbeere) oder *straw* (Stroh).

DIESE SEITE: Tageszeitungen – eine unerschöpfliche Rohstoffquelle. Durch seine hohe Wasserlöslichkeit ist Zeitungspapier vor allem für kreative Ideen aus Papiermaché geeignet.

GEGENÜBER: Robuste Bögen handgemachter indischer Khadi-Papiere in unterschiedlichen Texturen.

Maschinenpapiere

Maschinenbütten ähnelt handgeschöpftem Papier, besitzt jedoch meist nur zwei Büttenränder. Man findet es in den unterschiedlichsten Texturen. Zum Aqarellieren werden die schwereren Qualitäten bevorzugt, die in allen möglichen Varianten und Formaten angeboten werden, als Einzelbögen ebenso wie als Blöcke, Mappen oder Zeichenbücher. Für Pastell- oder Kohlezeichnungen eignen sich besonders die leichteren, typisch gerippten und in verschiedenen Farbtönen erhältlichen Ingrespapiere.

Hand- und Maschinenbütten tragen meist das Wasserzeichen des Herstellers, das im Gegenlicht sichtbar wird. Es beweist die Echtheit des Bogens und läßt zudem die Papierqualität erkennen.

Daneben gibt es eine riesige Auswahl an Maschinenpapieren für die Druckindustrie und an innovativen Papieren mit den raffiniertesten Oberflächeneffekten speziell für Künstler und Designer. Und ganz normale Gebrauchspapiere wie Zeichen- oder Schreibpapier, Transparentpapier, Löschpapier, Seiden- und Geschenkpapier, Krepp-Papier oder auch Tapeten sind aus unserem Alltag gar nicht mehr wegzudenken.

RECHTS: Tapeten schmücken nicht nur Wände. Mit dekorativen Hand- oder Maschinendrucken lassen sich Schachteln, Notizbücher, Bilderrahmen und Wandschirme in ganz persönliche Dinge von bleibendem Wert verwandeln.

In den eigenen vier Wänden lassen sich viele Dinge aus Papier gestalten – neben exquisitem Briefpapier auch aparte Lampen, Wandschirme, Bilderrahmen und Tischdekorationen. Sogar den Kleiderschrank hat Papier erobert, denn pfiffig gefaltet, gerüscht und genäht werden daraus Kleider, Schuhe und Taschen.

Papierideen für zu Hause

Aus dicker Pappe ausgeschnittene Rahmen, die mit geprägtem Papier überzogen wurden. Die schwerelose Eleganz dieser schlichten Rahmen bringt die Feinheiten der Schwarzweiß-Aufnahmen schön zur Geltung.

KREATIVE KORRESPONDENZ

Briefpapier

Keine noch so witzige E-Mail kann einen handgeschriebenen Brief ersetzen. Daran wird auch unser Computerzeitalter nichts ändern. Exquisites Briefpapier ist heute in allen erdenklichen Farben und Formaten zu haben, und mit ein bißchen Phantasie können Sie Ihrer Korrespondenz zusätzlich einen ganz persönlichen Touch verleihen. Ein behaglicher, inspirierender Arbeitsplatz ist die beste Voraussetzung für Ihre kreative Korrespondenz.

LINKS: Der ideale Platz zum Briefe schreiben. Stellen Sie den Tisch ans Fenster, denn Tageslicht sorgt für gute Laune und beflügelt die Kreativität. Persönliche Details und frische Blumen machen Ihren Arbeitsplatz zum kleinen privaten Refugium.

OBEN UND RECHTS:
Ein silberner Toasthalter wird zum stilvollen Briefständer. Damit haben Sie immer einen kleinen Vorrat an farblich abgestimmtem Briefpapier, Karten und Kuverts für Ihre Korrespondenz griffbereit.

UNTEN: Visitenkarten mal ganz anders. Drucken Sie Ihr Monogramm in farbiger Tusche mit einem Gummistempel auf selbstgemachte Kärtchen und dekorieren Sie diese mit dreidimensionalen Blattmotiven aus Goldfolie.

Ein Hauch von Gold

Briefpapier muß nicht immer weiß sein. Ob einfaches, farbiges Papier, feinstes Bütten oder apart strukturierte Bögen – nutzen Sie das vielfältige Angebot aus aller Welt.

Wer es noch ein wenig raffinierter mag – edlen Papiersorten und schweren gefütterten Umschlägen geben Dekors aus echtem Blattgold oder schimmernder Goldfolie den perfekten Touch.

MITTE: Veredeln Sie Ihr Briefpapier mit Blattgold. Einfache Formen wie Vierecke, Sterne oder Blüten lassen sich am besten verarbeiten. Mit einem feinen Pinsel werden die Muster mit Vergoldelack aufgemalt. Sobald dieser etwas angetrocknet ist, kann das Blattgold aufgelegt danach vorsichtig angepreßt werden.
LINKS: Weiße Umschläge, gefüttert mit Seidenpapier in leuchtenden Farben verleihen Ihrer Korrespondenz einen Hauch von Luxus.

Designer-stücke

Wie wär's mal mit einem ganz neuen Outfit für Ihre Korrespondenz?

Handgefertigte Umschläge und fein dekorierte Briefbögen können bereits ein Teil der Botschaft sein und zeigen dem Empfänger obendrein Ihre Wertschätzung.

Mit dekorativen Details wie gepreßten Blüten oder Blättern, Lochmustern oder ausgestanzten Rändern verwandeln sich Ihre Briefe in kleine Kostbarkeiten, und mit einer witzigen, einfallsreichen Visitenkarte bleiben Sie mit Sicherheit in bester Erinnerung.

Auf Menschen ist nicht leicht zu wirken,
doch auf das willige Papier.

Johann Wolfgang Goethe

GEGENÜBER: Effektvolle Visitenkarten aus einer Kombination von Papier und Stoff, die auf das Metier ihres Besitzers hinweisen.

LINKS: Handgefertigte Umschläge aus Thaipapieren in unterschiedlichen Farben und Strukturen. Mit einem Schnittmuster (im Bastelgeschäft erhältlich) werden die Rohlinge vorgezeichnet, zugeschnitten, gefalzt und geklebt.

HINTERGRUND: Eine ganz persönliche Note erhält einfaches oder leicht strukturiertes Papier durch selbstgepreßte Blüten. Zusätzliche hübsche Effekte erzielen Sie durch ausgestanzte Bogenkanten oder ein Lochmuster.

RECHTS: Schlichte Karten wurden hier mit Fotokopien verschiedener Motive »aufgewertet« Urlaubsfotos, Fahrkarten, alte Quittungen oder Eintrittskarten lassen sich mit Fundstücken aus der Natur zu ganz persönlichen Collagen zusammenstellen.
Um Zahlen und Schriften auf die Karten zu übertragen, müssen sie zunächst spiegelverkehrt kopiert werden. Die Kopie dünn mit Haarspray einsprühen und mit der bedruckten Seite auf die Karte legen, mit einem weißen Blatt Papier abdecken und warm (keinesfalls heiß) bügeln. Achten Sie auf gute Raumbelüftung und atmen Sie keine Dämpfe ein.

Naturschätze

Wer auf seinen Spaziergängen gelegentlich ein Fundstück mitnimmt, kann sich damit einen herrlichen Fundus an Dekorationsmaterial anlegen. Nicht nur eine preiswerte Alternative, sondern obendrein auch noch sehr apart sind diese Briefbögen und Karten aus Recycling- oder Packpapier – dekoriert mit den eigenen, unverwechselbaren Motiven.

OBEN: Für diese »Bio«-Visitenkarten wurde braunes Packpapier bedruckt, auf dünnen Karton geklebt und mit zartem Blattgeäder vom letzten Herbstspaziergang verziert.
RECHTS: Farbkopien echter Blätter wie Salbei-, Rosen- oder Geranienblätter wurden auf DIN A4-Bögen aus naturfarbenem Struktur- oder Recyclingpapier geklebt.

LINKS: Handgeschriebene Einladung auf einer altmodischen Schriftrolle. Die Bögen aus gekörntem Khadi-Papier werden aufgerollt, mit einem Wachssiegel verschlossen und am besten persönlich überreicht.

UNTEN: Alte Schnappschüsse eignen sich bestens für persönliche Grußkarten. Bilder Ihrer Lieben fotokopieren, ausschneiden und mit Fotoecken rahmen.

GEGENÜBER: Weiße Tortenspitzen lassen sich als bildschöne Passepartouts für Fotos zweckentfremden.

Jahrhundertelang war Papier das Medium für Mitteilungen aller Art. Es diente zum Knüpfen zarter Bande genauso wie zum Schmieden finsterer Ränke, es gab Geheimnisse preis oder deckte Intrigen auf. Heute gilt ein handgeschriebener Brief in einem nobel gefütterten Umschlag schon als Luxus.

Lassen auch Sie sich von schönem Papier und edlen Schreibutensilien inspirieren. Statten Sie ihren Schreibtisch mit Briefbeschwerern, altmodischen Tintengläsern mit farbiger oder duftender Tinte, prachtvollen Gänsekielen und Federhaltern aus – und das Schreiben wird wieder zum sinnlichen Genuß.

wish
you were here

Ein Spötter, ein Dichter, ein Literat,
streu ich der Worte verfängliche Saat . . .

Hugo Ball

SCHÖN GEBUNDEN
Bücher

Von den Papyrus-Schriftrollen des Altertums über die auf Pergament geschriebenen, schwergewichtigen Codices des Mittelalters bis zur Erfindung des Buchdrucks durch Johannes Gutenberg im 15. Jh. war es ein weiter Weg. Das Handwerk des Buchbindens nahm einen gewaltigen Aufschwung und im Lauf der Zeit entwickelten sich zahlreiche Varianten. Heute stehen aufwendige künstlerische Handeinbände wieder hoch im Kurs.

Mit einfachen Varianten können Sie auch selbst zu Werke gehen. Sammeln Sie Ihre Urlaubserinnerungen in einem Tagebuch, basteln Sie ein witziges Fotoalbum oder ein Notizbuch mit Tapeteneinband. Für Tagebücher eignet sich weiches Schreibpapier mit einem Einband aus rauhem Khadi-Papier, gelocht und mit Bindfaden oder Kordel zusammengenäht. Auch Blätter, gepreßte Blüten und Samen können als Verzierung dienen.

GEGENÜBER, UNTEN: Fotoalben lassen sich aus festem Packpapier leicht selbst herstellen. Hier wurden aus DIN-A5-Bögen Hefte von je zwölf Seiten gebildet, am linken Rand mit der Maschine zusammengenäht und die Deckblätter mit Schnappschüssen verziert. Das größere Album besitzt einen Einband aus Wellpappe mit Bindfadenheftung.

LINKS, GANZ LINKS UND UNTEN: Alben und Notizbücher aus natürlichen Strukturpapieren sind in großer Auswahl erhältlich. Hier handelt es sich um handgebundene Zeichenbücher mit sechs Falzbögen aus handgeschöpftem, säurefreien Hadernpapier. Geheftet sind die Bücher mit gewachsten Leinenfäden.

RECHTS UND GEGENÜBER OBEN: Handelsübliche Notizbücher in einem Einband aus Tapete. Tapetenmuster und -reste bekommt man preiswert, oft sogar umsonst. Das Papier mit ausreichendem Einschlag passend zuschneiden, falzen und mit doppelseitigem Klebeband befestigen.

Kreative Einbände

Ob Adreßbuch, Poesiealbum, Gästebuch, Rezeptsammlung oder Tagebuch – phantasievoll dekorierte Einbände lassen erahnen, was sich zwischen den Buchdeckeln verbirgt. Selbst simple, fertig gekaufte Notizbücher können sich mit einem schön gestalteten Einband in originelle kleine Kunstwerke verwandeln.

RECHTS: Dieses Reisejournal besteht aus verschiedenen Papiersorten, darunter auch transparenten Hüllen für Reiseunterlagen und Andenken wie Zeichnungen, Fotos, Land- und Fahrkarten.

RECHTS: Tagebuch aus Zeichenpapier, das von Hand in die passende Größe gerissen wurde. Vorder- und Rückendeckel bestehen aus farbigem Khadi-Papier. Im Abstand von 3 cm vom linken Rand und 8 cm vom oberen und unteren Rand wurden zwei Löcher gestanzt. An den durchgezogenen Gummiringen wurde ein dekorativer Zweig befestigt.

RECHTS UND GEGENÜBER:
Aus alten Briefumschlägen, Fotokopien, Bauzeichnungen oder Papierresten lassen sich witzige Notizblöcke anfertigen. Die Bögen werden passend geschnitten, gefalzt, geheftet und mit einem Einband versehen.

Alte Briefumschläge, Fotokopien, Papierreste oder hübsche Papiertüten fristen oft in Schachteln oder Schubladen ein trauriges Schattendasein. Sie müssen aber keineswegs bei der nächsten Aufräumaktion ins Altpapier wandern. Statt dessen können daraus ausgesprochen originelle Notizblöcke in den verschiedensten Formaten entstehen. An linken oder oberen Rand lochen und heften oder im Copyshop mit einer Ringelheftung versehen lassen. Der besondere Materialmix sorgt dafür, daß bestimmt jeder Block ein »Unikat« wird.

Recycling, wie es im Buche steht

PRSRT STD
U.S. POSTAGE
PAID
HEBRON, OH
Permit No. 289

LINKS: Eine winzige Schachtel mit einer Praline in einer knisternden Konfektmanschette ist für jeden Gast ein nettes Andenken an ein gelungenes Fest.

UNTEN: Bewirten Sie Ihre Gäste mal traditionell japanisch mit Sushi in Einwegschachteln. In Form gerissene Streifen Thai-Papier dienen als zarte Deckchen, auf denen die Reishappen angerichtet werden.

GUT IN FORM

Boxen

Jeder kennt das Problem: Jahr für Jahr sammelt sich ein Sammelsurium aus Kleinigkeiten und Krimskrams an. Ordnung mit Methode heißt also das Motto: Stabile Behältnisse wie Boxen, Schachteln und bunte Geschenkkartons sind deshalb immer eine praktische Lösung.
Schachteln gibt es immer und überall – in allen nur erdenklichen Formen, Farben und Formaten. Und das Schöne an ihnen: Sie lassen sich ganz nach Belieben aufmöbeln. Unifarben überzogen und mit Etiketten versehen werden sie zu Ordnungshütern im Büro, mit Knöpfen geschmückt zum Nähkästchen, mit einer hübschen Tapete und Schleifen versehen zum geschmackvollen Geschenkkarton.

RECHTS: Selbstgebackene Plätzchen teilen sich diesen schlichten braunen Karton mit duftigen Tortenspitzen – ein ideales Mitbringsel zum Kaffeeklatsch oder zur Teestunde. Die Tortenspitzen werden halbiert und zwischen die aufrecht stehenden Kekse gesteckt.

Ordnung führt zu allen Tugenden!
Aber was führt zur Ordnung?

Georg Christoph Lichtenberg

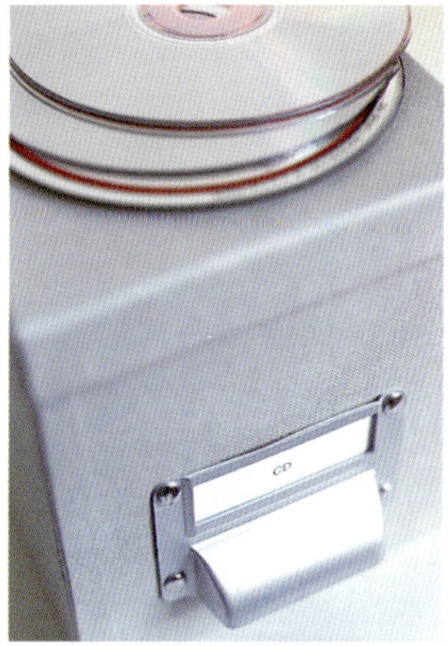

UNTEN: Ganz gewöhnliche Zeitschriftenboxen wurden mit Schwarzweißkopien handgeschriebener Briefe und alter Dokumente – Fundstücke vom letzten Flohmarkt – beklebt.

GANZ OBEN: Im Handel erhältliche CD-Box aus stabiler Pappe mit einem Einband aus Leinenimitat und praktischem Chromgriff samt Beschriftungsfenster.

LINKS UND UNTEN: Werfen Sie alte Kartons nicht leichtfertig weg. Mit verschiedenfarbigem Papier beklebt werden sie zu praktischen Behältern für Knöpfe, Muscheln vom letzten Strandurlaub und anderen Krimskrams. Für Schachtel und Deckel je ein Rechteck mit Zugaben zum Einschlagen zuschneiden, falzen und möglichst vollflächig festkleben. Kostproben dessen, was die Schachtel enthält, dienen als »Beschriftung«.

LINKS: Schon mit wenigen Handgriffen lassen sich handelsübliche Geschenkkartons veredeln. Bei dieser Schachtel aus matter Goldpappe genügten ein paar bunte Stern-Pailletten und angedrahtete Perlen.

Glanz und Gloria

Geschenke für festliche Anlässe wollen auch festlich verpackt sein. Für Präsente zur Hochzeit, zur Taufe, zu einem besonderen Jubiläum oder Geburtstag liegt man mit edlem Weiß, klassischem Gold oder Silber immer richtig. Und mit einer phantasievollen Dekoration kann auch ein einfacher Geschenkkarton zur kleinen Attraktion werden.

RECHTS: Die gleiche Goldschachtel wie links oben in ganz anderem Outfit. Diesmal wurde sie mit einer üppigen Wachspapierblüte und einer silbernen Perlenschnur verziert.

RECHTS UND UNTEN:
Eine hübsche Idee für die Gäste einer Geburtstagsparty oder Hochzeit. Als kleines give-away zum Mitnehmen hängt man an vergoldeten Zweigen Schachteln mit kleinen Souvenirs auf. Man füllt sie zum Beispiel mit

Süßigkeiten wie Pralinen, Zuckermandeln oder Geleefrüchten und verschließt sie mit zarten Goldbändchen.

Auf die Sammler unter uns wirken Kartons unwiderstehlich. Man kann sie nach Belieben bemalen, bekleben und verzieren. Schachteln lösen so gut wie jedes Lagerproblem. Von geräumigen Lebensmittelkartons oder Schuhschachteln bis zu Streichholzschachteln und Pillendosen läßt sich so ziemlich alles verwenden.

Ein Platz für Fotos

UNTEN: Stabile, sichere Archivboxen für Unterlagen und Papiere in Heim und Büro. Handgeschriebene Etiketten in Kontrastfarben, mit doppelseitigem Klebeband an der Vorderseite befestigt, erleichtern die Orientierung.

LINKS UND UNTEN:
Praktische Stülpdeckelkartons gibt es in allen möglichen Formen und Größen. Und mit einem Hauch Glamour versehen wirken sie alles andere als langweilig. So werden selbst simple Schuhkartons durch farbenfrohe Polaroidfotos von ihrem Inhalt zum Blickfang.

EINFACH RAFFINIERT

Interieurs

Papiermaché ist nicht nur eine sehr kreative, sondern auch eine sehr umweltfreundliche Art der Papierverwendung. Alte Zeitungen und Recyclingpapier verwandeln sich mit dieser simplen Methode in kunstvolle Schalen, Vasen oder Rahmen. Mit unterschiedlichen Papierarten kann man reizvolle Strukturen und interessante Farbeffekte erzeugen. Als Formen eignen sich ganz alltägliche Gegenstände wie Rührschüsseln oder Gläser. Nach dem Trocknen kann das Papiermaché bemalt, lackiert oder sogar vergoldet werden.

Rechts: Sinnlicher Genuß »en miniature« – japanische Räucherstäbchen mit Rosenduft in delikat gestalteten Papiertütchen.

RECHTS: Exquisite Papiermaché-Schale mit farbigem Seidenpapier und gemusterten chinesischen Papieren. Als Form dient eine mit dünner Plastikfolie überzogene Metall- oder Kunststoffschüssel. Zunächst wird als Trägermaterial Zeitungspapier mit PVA-Kleister getränkt und in mehreren Lagen aufgebracht. Als letzte Lage wird das gewählte Schmuckpapier aufgeklebt. Nach dem Trocknen wird die Schale vorsichtig von der Form gelöst, an den Kanten geglättet und mit einem sauberen Papierrand beklebt.

Stil ist richtiges Weglassen des Unwesentlichen.

Ludwig Feuerbach

LINKS: Papiermaché ist ein ungemein wandlungsfähiges Material. Diese federleichten kleinen Schalen wurden aus rosa Zeitungspapier über ausgedienten Glühbirnen geformt und mit Streifen aus farbigem Lack verziert.

Unten und rechts: Stabile Platten aus Recyclingpappe sind problemlos und preiswert zu bekommen. Sie eignen sich hervorragend für Möbel. Dieser zeitlose Wandschirm dient als dekorativer Raumteiler und gleichzeitig als kleine Galerie für gerahmte Schwarzweißfotos.

Aus Alt mach Neu

Schlagzeilen von gestern werden zu Schalen, Recyclingpappe mutiert zu praktischen Raumteilern.

In Japan bilden Wandschirme aus Papier seit jeher einen festen Bestandteil der Wohnkultur. Inzwischen sind die vielseitigen Paravents auch bei uns immer häufiger anzutreffen. Denkbar sind sie in den unterschiedlichsten Variationen: von der »blickdichten« Version aus Recyclingpappe bis hin zur luftigen Kreation aus hauchzartem Japanpapier.

UNTEN: Manche Papiersorten ähneln Stoffen und eignen sich gut für Rollos oder Scheibengardinen. Hier wurde halbtransparentes Japanpapier mit Blumen aus rotem Khadi-Papier verziert. Die Bögen entsprechend den Fenstermaßen zuschneiden und an der Ober- und Unterkante mit einem Streifen aus kräftigem Papier verstärken. Mit doppelseitigem Klebeband ringsum am Fensterrahmen befestigen.

Blumiger Blickfang

Im normalen Haushalt waren früher lediglich die Tapeten aus Papier. Mittlerweile hat sich dieses wandelbare Material auch anderweitig durchgesetzt. Designer experimentieren mit Papier als Rohstoff für Lampen, Schalen, Wandschirme, Rahmen, Teppiche, Regale, Möbel und sogar als Ersatz für Textilien.

Das Schöne an diesen Ideen aus Papier: Sie sind in vielen Fällen bestechend einfach und lassen sich ohne großen Aufwand und im Handumdrehen realisieren.

DIESE SEITE:
Fröhlicher Raumteiler aus Papierblumengirlanden, wie man sie in Indien bei Hochzeiten verwendet. Die Enden in gleichmäßigen Abständen von rund zehn Zentimetern an einen Bambusstab knoten und in den Türrahmen hängen.

DIESE UND FOLGENDE SEITE:
Wickeln Sie die Bögen in mehreren Lagen um schlichte Glasvasen, Aluminiumbecher oder andere Gefäße und befestigen Sie das Ganze mit Juteschnüren in kräftigen Farben.

Fröhliche Farbtupfer

Chinesisches Neujahrspapier eignet sich mit seinen kräftigen Farben, exotischen Mustern und Kalligraphien hervorragend zur Verwandlung simpler Gefäße in eigenwillige kleine Kunstwerke.

In Chinaläden können Sie dieses kunterbunt bedruckte Seidenpapier finden und sich preiswert einen witzigen Materialmix zusammenstellen – je bunter, desto besser.

GEGENÜBER: Voluminöse Pfingstrosen als Gardinenhalter. Die Papierblumen bestehen aus handgefärbtem Krepp-Papier. Man schneidet die einzelnen Blütenblätter aus, formt sie mit einem Löffel, wickelt sie mit Messingdraht zu dicken Blütenköpfen und setzt Staubgefäße aus bemalter Sisalschnur ein.

LINKS UND UNTEN: Diese bildschönen Kissen im Crinkle-Look sind aus besticktem Papier mit Lochmuster genäht und mit kontrastfarbenem rosa Leinen gefüttert.

Stoff zum Träumen

Der aktuelle Trend zu besonderen Texturen und Oberflächen geht immer öfter auch zu weichem, griffigen Papiergewebe. Es ist stabil genug für die Innenausstattung und läßt sich sogar nähen. Stores, Raffhalter, Rollos, Nackenrollen und Kissen aus Papiergewebe sind ein echtes Novum. Reißfestes Papier gibt es in weiß oder in bunt, bestickt oder im Crinkle-Look.

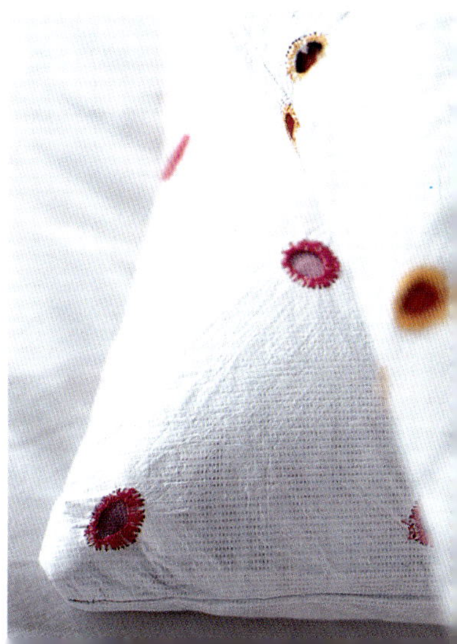

LINKS: Lampenschirme im japanischen Stil gibt es in vielen Ausführungen. Diese Schlafzimmerleuchte besteht aus einem schlichten Drahtgestell und ziehharmonikaartig gefaltetem weißen Papier.

GEGENÜBER: Lichterketten sind nicht nur in der Adventszeit schön – mit solchen Würfeln aus handgeschöpftem Lokta-Papier sorgen sie das ganze Jahr für helle Freude. Auf einem Kaminsims oder Regal drapiert verbreiten sie warmes, entspannendes Licht.

UNTEN: Witzig ist diese moderne Tischlampe. Durch die gleichmäßig auf dem Papierschirm verteilten, halboffenen Dreiecke strahlt das Licht nach allen Seiten.

Ob hell erleuchtet oder dezent illuminiert – Licht betont Muster und Texturen von Papier und macht es zum zauberhaften Blickfang. Japanische Papierlaternen, individuell gestaltete Lichterketten und witzige Stehlampen sorgen für ein wohnliches Ambiente.

HELLE FREUDE

Lampen

RECHTS: Kunterbunt und preiswert ist diese Kinderzimmerlampe. Die vertraute Sternform aus farbiger Pappe ist mit Ausstanzmustern versehen und mit andersfarbigem Seidenpapier unterlegt, das ein mildes Licht verbreitet.

Kinder lieben knallige Farben und verrückte Formen. Eine einfache japanische Papierlampe, die aussieht wie ein Bienenkorb mit bunten Tupfen, sorgt im Kinderzimmer zwischen all den Spielsachen für fröhliche Stimmung. Und abends beim Einschlafen begleitet ein mild leuchtender Stern oder eine magische Lichterkette aus Lampions die Kleinen sanft und beruhigend in ihre Träume.

Magischer Lichterzauber

OBEN: Einen magischen Effekt erreicht man mit einer Lichterkette, deren Lämpchen mit faltbaren Papierzylindern oder Mini-Lampions in leuchtenden Pink-, Orange- und Lilatönen überzogen werden. Einfach an einem Regal oder Bord befestigen.

RECHTS: Lampe oder Bienenkorb? Mit bunten Tupfen aus Seidenpapier beklebt, wird eine einfache Tischlampe aus Japanpapier zum . fröhlichen Blickfang im Spielzimmer.

Sanfter Schimmer

Eine Stehlampe mit kühnem Papierschirm wird zum Blickfang. Und Lichterketten sorgen nicht nur im Advent für Stimmung: »Strahlende« Blüten aus Kreppapier setzen einen ungewöhnlichen Akzent in der Wohnung. Ihr warmes, weiches Licht schafft eine heimelige Atmosphäre.

Außerdem sind Papierlaternen, ob in meditativem Weiß, orientalisch bunt oder fernöstlich inspiriert, heute so beliebt wie nie zuvor.

Sie sind auch im Freien die ideale Beleuchtung: An lauen Sommerabenden tauchen Papierlaternen Ihre Gartenparty in magisches Licht, und auf dem Tisch werden gläserne Teelichthalter mit bunten Papiermanschetten zu schimmernden Edelsteinen.

LINKS: Wie ein Ausrufezeichen behauptet sich diese originelle Stehlampe im Raum. Der Schirm besteht aus aus handgeschöpftem Thaipapier, das über ein Drahtgestell gespannt wurde.

DIESE SEITE: Dekorative Lichtakzente aus verspielten Papierblüten. Sie werden aus Kreppapier und einer einfachen Lichterkette gemacht und an einem Regal oder am Kaminsims aufgehängt.

Elise

LINKS: Leicht und beschwingt wirkt diese Sommertafel. Tischtuch, Läufer und Servietten sind ebenso aus Papier wie die Accessoires in munterem Pink und Hellblau. Weiße Einwegtischdecken werden mit glatten Läufern aus Thai-Papier aufgepeppt.

ANGERICHTET zu Tisch

Für einen hübsch gedeckten Tisch braucht man weder edles Porzellan noch feine Damastdecken. Schönes Papier und ein wenig Inspiration sorgen für gute Laune beim Festessen mit Freunden und Familie. Üppige Papierblumen zieren die einfachen Holzstühle, die gewebten Platzdeckchen bilden einen attraktiven Kontrast zu den glatten, fernöstllich wirkenden Porzellanschalen. Mit durchscheinendem Papier ausgeschlagene große Kerzenschalen sind nicht nur ein dezenter Schmuck, sondern verbreiten auch an langen Sommerabenden stimmungsvolles Licht.

LINKS: Weiße Platzdeckchen aus gewebtem Papier lassen sich ganz einfach verzieren. In den applizierten Blüten in kräftigem Pink wird das Farbthema aufgegriffen.
Die Blätter aus Seidenpapier ausschneiden und mit PVA-Leim aufkleben, nach dem Trocknen mit der Maschine ringsum absteppen.
UNTEN: Jeder Gast erhält seine Eßstäbchen stilvoll in einer dekorativen Papiermanschette.
Ca. 15 x 8 cm große Rechtecke zuschneiden, um die Stäbchen falten und am unteren Ende und der Längsseite zusammenkleben, dabei die obere offene Ecke einschlagen. Mit einem Quadrat aus chinesischem Papier mit Silberrand verzieren.
GEGENÜBER: Einfache Blumentöpfe verwandeln sich mit himmelblauem Lokta-Papier und naturfarbenem Bast in attraktive Gefäße, vorzugsweise für schlichte Grünpflanzen wie diese Bubiköpfe, die stramm in einer Reihe über den ganzen Tisch verteilt stehen.

east meets west

Lassen Sie sich von japanischen Traditionen anregen und geben Sie der Tischdekoration eine fernöstliche Note – mit fein kalligraphierten Platzkärtchen, mit exotischen Gefäßen für Snacks und Süßigkeiten und mit eingewickelten Glückskeksen.

Der fernöstliche Touch setzt sich fort in den weißen Porzellanschalen mit Eßstäbchen in selbstgefertigten Papierhüllen. Die Weingläser werden auf einem Tablett gereicht, auf dem ein Bogen handgeschöpftes Japanpapier liegt.

Kleine Glücksboten

GEGENÜBER: In duftiges Papier eingewickelt werden Pralinen in einer noblen Porzellanschale präsentiert. Japanisches Hikakushi-Papier zu 15 x 15 cm großen Quadraten schneiden, je eine Trüffel hineingeben, die vier Ecken zusammenfassen und mit Leinenschnur abbinden.

LINKS UND UNTEN: Kleine Schachteln mit Bügel dienen als Ständer für die Tischkarten und sind zugleich tolle Behälter für Glückskekse. Sie unterstreichen nicht nur das fernöstliche Thema, sondern liefern den Gästen obendrein Gesprächsstoff.

OBEN UND RECHTS: Diese Pantoletten aus tausendundeiner Nacht bestehen aus Pappsohlen und mittelschwerem Thai-Papier. Pinkfarbenes Bonbonpapier als Brandsohle und funkelnde »Brillanten« zum Aufkleben geben den letzten Schliff.

RECHTE SEITE OBEN: Handtasche aus Crinkle-Papier. Das griffige Material dieses Beutels wurde von Hand mit verschiedenen Blüten bestickt und mit der Maschine abgesteppt.

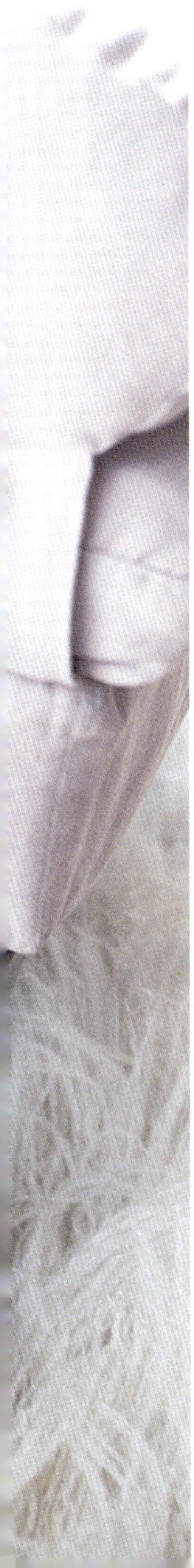

Sogar die Modeschöpfer haben Papier inzwischen entdeckt. Genau wie Stoff läßt sich Papier nähen, falten, rüschen und mit Pailletten, Perlen oder Borten besticken. Für kreative Einfälle eignet es sich wie kaum ein anderes Material und mit ein wenig Phantasie entstehen zauberhafte Modelle. Hüte, Handtaschen, Schuhe und sogar Kleider werden inzwischen aus Spezialpapieren hergestellt. Neben diesen speziellen Papiergeweben kann man auch zartes Seidenpapier als Tüllersatz oder Tortenspitzen für Manschetten und Kragen verwenden.

Schnittmuster für Papierschuhe gibt es inzwischen fertig zu kaufen. Pantoffeln kann man mühelos selbst herstellen. Die aufwendigen Stilettos auf der übernächsten Seite – natürlich nur zu Dekorationszwecken – sollte man lieber dem Fachmann überlassen.

Textile Tendenzen

OBEN: Inspiriert von einem Unterrock aus den 20er Jahren – ein Kleid aus Crinkle-Papier mit herrlich altmodischem Charme. Das zarte Blumenmuster des Papiers wird durch die Tortenspitzen an Dékolleté und Saum unterstrichen.

DIESE SEITE: Aus seidigem Japanpapier und einer zierlichen Drahtkonstruktion fertigt die Designerin Lynn Dennison von Hand hinreißende Papierschuhe, hier all-over mit funkelnden roten Steinen beklebt.

GEGENÜBER: Für die Blüte am V-Ausschnitt wurden aus Tortenspitze sechs Lagen in Blütenform ausgeschnitten, aufeinander gelegt und mit Draht und Glasperlen gerafft.

Frisch garniert

Taschen aus Papier haben im Sommer Hochsaison. Der neueste Hit sind witzige Gewebe und Flechtwerk aus Recyclingpapier.

Putzmacher dekorieren Strohhüte mit Bändern, Schleifen und Blüten, ebenfalls aus Papier. Machen Sie es ihnen nach, dann wird aus so manchem »alten Hut« ein topaktuelles Modell. Der einzige Nachteil: nur für sonnige Tage geeignet!

LINKS UND GANZ OBEN: Dieser griffige Korb wurde aus Recyclingpapier geflochten. Mit den durchsichtigen Plastikbügeln wird daraus eine augesprochen attraktive Einkaufstasche.
OBEN UND RECHTS: Strohhhut mit breitem Zierband, Blättern und Blüten aus Kreppapier.

Hauchzartes Japanpapier bauscht sich wie feinste Spitze. Schachteln prangen in leuchtendem Seidenpapier unter durchsichtiger Acetatfolie. Selbst banales Packpapier läßt sich witzig veredeln.

Mit einem gekonnten Outfit und ein wenig Liebe zum Detail machen Sie aus einem Präsent Ihr ganz persönliches Geschenk.

Papierideen für Geschenke

Weiß in weiß wirkt immer edel und frisch. Das Schleifenband wird aus Zeichenpapier zugeschnitten und in gleichmäßigen Abständen gelocht.

EINGEWICKELT

Verpackungen

Geschenke verpacken macht Spaß, und noch mehr Spaß macht es, daraus richtige kleine Kunstwerke zu zaubern. Ob edel Ton in Ton, raffiniert mit Gold und Glitzer oder freches buntes Mix & Match – das Angebot an Materialien ist riesig und Ihrer Phantasie sind hier absolut keine Grenzen gesetzt.

GEGENÜBER: Geschenke Auspacken ist nicht nur für Kinder eine aufregende Sache. Mit knallbuntem Seidenpapier in mehreren Lagen übereinander liegen Sie garantiert richtig.

LINKS UND OBEN LINKS: Erst die Liebe zum Detail macht aus einem Päckchen ein Geschenk. Interessante Effekte erzielt man durch die Kombination verschiedener Papiersorten und -strukturen. Orientalisch-üppig wird das Ganze mit Gold und Glitzer. Hier wurden kräftige Kontrastfarben mit buntem Schleifenband, Pailletten und Borten aus Goldpapier garniert.

Sie wollen eine stachelige Topfpflanze verschenken oder eine Geburtstagstorte effektvoll verpacken?

Eigenwillige Formen sind nicht leicht zu verpacken, manchmal hilft nur die Flucht nach vorn: Nicht verstecken, sondern enthüllen und die Form für sich sprechen lassen. Das ist das ganze Geheimnis.

Nach diesem Prinzip entstand auch die etwas ausgeflippte Verpackung für den Kaktus und die prachtvoll üppige Schärpe für die Torte.

Starker Auftritt

LINKS: Wickeln Sie Zimmerpflanzen in mehrere Lagen verschiedenfarbiger Seidenpapiere und betonen Sie dabei ganz bewußt die Form der Pflanze. Verzieren Sie das Arrangement mit breiten Papierbändern, Litzen und Pailletten oder kleinen Spiegelornamenten.

OBEN: Mit Kantenschneider oder Zickzackschere, notfalls freihändig dekorativ beschnitten, lassen sich die Papierränder effektvoll in Form bringen.

LINKS UND UNTEN: Wie eine indianische Federhaube wirkt diese Bordüre für eine Torte, die feierlich überreicht werden soll. Ein breiter Streifen blaues Seidenpapier ist mit Goldblättern und -borte abgesetzt, grünes Papierband sorgt für Kontrast.

LINKS: Lassen Sie sich von Wiese, Wald und Strand inspirieren. Naturthemen haben immer Saison und bieten den Vorteil, daß Sie neben unzähligen Papiersorten Blätter, Gräser, Beeren oder Blüten als Dekoration verwenden können. Zu schlichtem Pack- und Wellpapier passen am besten natürliche Bast- und Jutefasern.

Natur pur

GEGENÜBER: Kombinieren Sie farblich abgestimmte Lagen Papier mit unterschiedlichen Strukturen. Zu dem rostroten Band auf ecrufarbenem Papier mit rötlichen Schriftzügen paßt gut eine dicke Bastschleife.

GEGENÜBER, KLEINES FOTO: Aus braunem Packpapier kann man witzige Bänder gestalten. Dieser 3 cm breite Streifen wurde wie eine Ziehharmonika gefaltet, mit Stanzlöchern unterschiedlicher Größe versehen und am Rand mit der Zickzackschere beschnitten. Ein dünnes Zierband oder etwas Bast hindurchfädeln und festbinden.

RECHTS: Das indigoblaue Mangopapier kommt durch den Kontrast mit dem ecrufarbenen gewellten Band besonders zur Geltung. Der Blauton wird von Leinenkordeln aufgegriffen, an denen dekorativ Muschelschalen und Schneckengehäuse herabbaumeln.

LINKS: Ausgesprochen umweltbewußt verpacken Sie mit Altpapier und erreichen ganz nebenbei einen originellen Effekt.

OBEN: Landkarten wecken Fernweh oder schöne Erinnerungen. Anstelle von Originalen kann man auch auch Farbkopien verwenden, die im übrigen nicht teurer sind als hochwertiges Geschenkpapier. Hübsches Detail: die Federn an dünnen Leinenfäden.

Zweckentfremdet

RECHTS: Farbkopien eignen sich hervorragend als Geschenkpapier. Lassen Sie dazu Ihre Lieblingsfotos von Pflanzen, Blumen, Natur oder Tieren vergrößern.

UNTEN: Mit Gummistempeln gestaltet man im Nu sein eigenes Designerpapier. Die Effekte fallen je nach Papieroberfläche und Farbe zarter oder kräftiger aus. Hier wurden silberne Blattmotive auf braunes Packpapier gedruckt. Das himmelblaue Maulbeerpapier aus Thailand ist mit einem zierlichen Paisleymuster verziert. Das Namenskärtchen trägt als Schmuck ebenfalls ein Stempelmuster.

Ein Traum in Weiß und Silber

OBEN: Handgeschöpfte Papiere besitzen meist einen sehr eigenwilligen Charakter. Dieses Silberpapier im Antik-Look bildet einen spannenden Kontrast zu den seidigen Federn und den mattsilbernen Kugeln.

RECHTS: Silber und Weiß verbinden sich hier zu einer duftigen Kreation. Die straßbesetzte Gürtelschnalle macht aus einer simplen Papiertasche ein schickes Behältnis. Mit dem Schneidemesser zwei Schlitze in die Tüte schneiden, ein Stück Band hindurchziehen, die Schnalle auffädeln und von innen mit doppelseitigem Klebeband befestigen.

LINKS: Ein elegantes Band aus japanischem Yuki-Papier. Einen 8 cm breiten Streifen wie eine Ziehharmonika falten und die Enden spitz zuschneiden. Mit der Lochzange kleine Löcher ausstanzen. An beiden Enden Silberdraht durchfädeln und um das Geschenk schlingen.

UNTEN: Beutel aus silbernem Seidenpapier mit Zugschnur aus edler Kordel und Perlenquasten.

Die klassische Kombination von Silber und Weiß macht jedes Geschenk zu einer erlesenen Gabe. Edle Accessoires wie Federn, Kugeln, Straß und glitzernde Kordeln dürfen nicht fehlen und machen den Look erst perfekt.

Beliebte Klassiker

Links: Flaschentüten sind eine aparte Lösung zum Verschenken von Alkoholika. Es gibt sie aus vielen dekorativen Papierarten fertig zu kaufen. Das dezente Wabenmuster wird durch die goldenen Ösen und die simple Bastschnur betont.

RECHTS: Handgeschöpftes Japanpapier eignet sich vorzüglich als Flaschenhülle. Das Muster aus konzentrischen Kreisen wird ergänzt durch einen Streifen Goldpapier und witzige Federn.

LINKS: Weihnachtlich wirkt dieser goldene Stern. Schachteln wie diese gibt es in riesiger Auswahl. Das weiße Kräuselband ergießt sich darüber wie ein lockerer Volant.

Ja, wenn zu Sol sich Luna fein gesellt,
zu Silber Gold, dann ist es eine heitre Welt . . .

Goethe, Faust II

Zu schön zum Auspacken: Ein vergoldeter Apfel ist hier in japanisches Matsuyuki-Papier mit Gold- und Silbersprenkeln eingewickelt. Zum Zubinden dient eine glitzernde Lurexschnur.

Mix & Match

Haben Sie Mut zur Farbe und dekorieren Sie Ihre Geschenke mit Sternen, Blüten oder Blättern in knalligen Farben. Lassen Sie Ihre Kreativität spielen und mischen Sie verschiedene Materialien und Formen. Mit einfachen Mitteln und aus kleinen Resten von Papier oder Karton lassen sich oft ganz überraschende Effekte zaubern.

Für besondere Anlässe sollte man sich natürlich etwas mehr einfallen lassen. Duftendes Papier, bestickt mit den Namen von Braut und Bräutigam, paßt zum Beispiel zur Hochzeit. Simple Packpapierschnipsel werden mit Blattgold und Seidenschnur zu kleinen Kostbarkeiten.

LINKS UND OBEN: Selbstklebeetiketten mit selbstgemaltem Rahmen. Tragen Sie aus Wasserfarbe oder Tempera mit feinem Pinsel Blumen, Striche, Punkte und Wellenlinien auf.

OBEN RECHTS: Namensschilder dürfen ruhig ausgefallene Formen haben. Eine Blume aus Thai-Papier bietet sich als Begleiterin für eine Topfpflanze an. Die Blätter werden mit der Zickzackschere ausgeschnitten und mit Klebefilm auf dicken Draht aufgebracht. Eine glänzende Idee: Straß-Steine auf den Blütenblättern.

GEGENÜBER UNTEN: Spielen Sie mit Strukturen und Mustern. Zartfarbenes Zeichenpapier, gemustertes indisches Wickelpapier und ein Stern aus matter Goldfolie werden von einem Ripsband in uni Rosa zusammengehalten.

GEGENÜBER OBEN LINKS: Leuchtendes Pink schillert aufregend neben den grell orangefarbenen und limonengrünen Bändern. Goldsterne schaffen Weihnachtsstimmung.

GEGENÜBER OBEN MITTE: Geben Sie klaren Formen den Vorzug. Das schlichte Blattmotiv bringt die Kontraste der verschiedenen Farben schön zur Geltung.

GEGENÜBER OBEN RECHTS: Einfache Faltkärtchen sind hier mit transparenten Motiven aufgepeppt. Die Fenster mit dem Schneidemesser ausschneiden und mit andersfarbigem Seidenpapier unterlegen.

Im Handel findet man viele neutrale Karten für eigene Gestaltungsideen. Diese Passepartouts bestehen aus Recyclingpapier, hinterlegt mit weißem strukturierten Hadernpapier, und sind mit Blättern dekoriert.

GEGENÜBER: Diese weißen Karten sind mit naturfarbenen Rechtecken aus Wellpappe und Fundstücken vom Strand geschmückt. Kieselsteine werden mit der Klebepistole befestigt. Die Objekte sollten möglichst so leicht sein, daß die Karte aufgestellt werden kann.

LINKS: Papyrus wird aus dem Mark der Papyrusstaude gewonnen und war schon den alten Ägyptern, Griechen und Römern bekannt. Es fühlt sich ganz anders an als Papier und harmoniert ausgezeichnet mit Federn, Blüten und Blättern.

HERZLICHE GRÜSSE

Jeder Beschenkte weiß eine selbstgemachte Glückwunschkarte zu schätzen. Chinesisches oder japanisches Papier, von Hand gerissen und auf schlichte Karten geklebt, wirkt durch edles Understatement. Eine »natürliche« Variante sind kleine Kunstwerke aus Strukturpapieren, die gefaltet oder zusammengenäht und mit Federn, leichten Steinen, gepreßten Blättern oder Blüten verziert werden.

RECHTS: Gummistempel sind eine tolle Lösung, wenn man rasch viele Karten produzieren will. Sterne, Kronen, Stechpalmen oder Tauben werden in Gold auf weißes oder ecrufarbenes Papier gestempelt, rechteckig beschnitten und auf fertig gekaufte Briefkarten mit Metallic-Effekt geklebt.

GEGENÜBER: Dreidimensionale Karten zu machen ist nicht schwer. Versuchen Sie es zunächst mit einfachen Gold- und Silberkarten wie diesen. Die Doppelkarte öffnen, auf die linke Innenseite vom Falz aus die Konturen eines halben Tannenbaums zeichnen, auf einer soliden Unterlage mit einem Schneidemesser ausschneiden und den Baum nach außen klappen.

UNTEN: Exquisite Grußkarte aus Chinapapier. Das Papier an einem Metallineal entlang in Vierecke reißen und falzen. Kleine Collagen mit Gold- oder Silberfolie und Borten zusammenstellen und aufkleben oder – noch raffinierter – mit Bastfasern befestigen.

Persönliche Botschaft

Grußkarten haben immer Saison. Zum Geburtstag, zu Weihnachten, zur Verlobung, Hochzeit oder Geburt eines Kindes, zum Umzug, Examen und anderen Anlässen. Und manchmal reicht ein Standardgruß einfach nicht aus für einen ganz besonderen Glückwunsch, für eine Bitte um Verzeihung oder für ein dickes Dankeschön.

Das einfachste Rezept: Schlichte Karten aus weißem oder getöntem Karton lassen sich mit Gummistempeln, kleinen Collagen oder dreidimensionalen Faltmotiven ganz individuell gestalten.

RECHTS:
Fotokopierte Bilder können mit spezieller Transfermasse auf Karten übertragen werden. Schneiden Sie eine möglichst hochwertige Fotokopie des Motivs passend zu und legen Sie diese auf ein Stück Wachs- oder Stanniolpapier. Eine dicke Schicht Transfermasse auf das Bild geben und gleichmäßig verteilen, bis das Bild nicht mehr zu sehen ist. Mit der feuchten Seite nach unten auf die Karte legen und leicht andrücken. Mindestens vier Stunden lang trocknen lassen. Mit einem nicht zu nassen Schwamm vorsichtig die oberste Schicht des Kopierpapiers abreiben, ohne die Karte zu beschädigen. Sobald das Bild sichtbar ist, erneut trocknen lassen.

RECHTS: Die Künstlerin Lorraine Dawkins greift für ihre Siebdruckmotive auf verschiedene Quellen zurück, unter anderem auf alte Fotos. Sie werden auf festes Zeichenpapier gedruckt, zugeschnitten und mit bunten Klebestreifen auf der Karte befestigt.
UNTEN: Nature-Print-Papier ist ein richtiger Geheimtip. Einfach Blätter auf dem lichtempfindlichen Papier arrangieren und bis zu zwei Minuten in die Sonne legen. Ein paar Sekunden unter fließendem Wasser abspülen – wie von Zauberhand erscheinen die Motive. Zurechtschneiden und auf fertige Karten kleben.

Foto-Magie

Wenn Sie ein wenig Mut zum Experimentieren haben, können Sie mit speziellen Techniken reizvolle Motive auf lichtempfindliches Papier bannen oder aus einfachen Fotos geheimnisvoll patinierte Bilder zaubern.

Auch Künstler und Designer haben die Grußkarte entdeckt und gestalten inzwischen oft eigene Serien mit raffinierten Druck- oder Collagetechniken und aufwendigen Papierkombinationen.

Durchblick

Mit Fenstertechnik, ausgeschnittenen Buchstaben oder Silhouettenformen lassen sich die herrlichsten Karten herstellen.

Probieren Sie verschiedene Papiersorten, Farbtöne und Texturen aus und entwickeln Sie Ihre eigenen Ideen. Überraschende Effekte können zum Beispiel durch die Kombination von zart durchscheinendem Seiden- oder Transparentpapier mit kräftigem Strukturkarton entstehen. Zum Ausschneiden verwendet man am besten ein Schneidemesser und eine feste Unterlage.

OBEN: Monogramme sind ein echter Evergreen. Bei diesen zartvioletten Karten sind die Initialen mit dem Schneidemesser ausgeschnitten und mit Silberfolie unterlegt.

LINKS: Vergessen Sie zur Abwechslung mal die übliche Rechteckform. Kronen lassen sich leicht zuschneiden und wunderbar mit Glitter und Farbe verzieren.

GEGENÜBER: Zauberhaft »schwebende« Sterne. Aus Silberkarton zwei Sterne ausschneiden und mit einem dünnen Faden dazwischen zusammenkleben. Den Faden auf der Innenseite des Fensters oben und unten ankleben.

Karten mit ganz persönlichen Motiven, in diesem Fall für eine Dame, die für schöne Schuhe schwärmt. Hier ist viel Raum für eigene Ideen – einfach fotokopieren und als Collagen auf Briefkarten mit Büttenrand kleben.

LINKS: Briefkarten aus Khadi-Hadernpapier haben eine sehr sinnliche Struktur, hier unterstrichen durch Fotokopien von Naturdarstellungen wie Kieseln, Sand und Laub.

UNTEN: Im Copyshop kann man Fotos auf Acetatfolie kopieren lassen. Sie wirken immer besonders eindrucksvoll, ob man sie nun durchsichtig beläßt oder auf weiße Karten klebt.

Briefkarten, veredelt mit Krimskrams, Blumen oder Schnappschüssen: Jedes Motiv erzählt eine ganz persönliche Geschichte. Sie müssen dann nur noch für den passenden Karton als Hintergrund sorgen.

Eine hübsche Idee ist es auch, Geburtsanzeigen mit einem winzigen Hand- oder Fußabdruck zu versehen, oder Hochzeitseinladungen durch duftende Blütenblätter aufzuwerten.

background

Die guten alten Papierlaternen, dekorativ aufgehängt an einer Kette aus weißem Zeichenpapier. Die Kettenglieder sind ab und zu mit einem ausgestanzten Rautenmuster verziert.

Papierideen für besondere Anlässe

Mit Ideen aus Papier lassen sich traditionelle Themen immer wieder neu interpretieren: Sterne und Kränze an Weihnachten, liebevoll gestaltete Herzen zum Valentinstag, zu Ostern Kinderhüte mit Tortenspitzenblumen, lustige Wimpel und Tiere für Kinderfeste und Hexenhüte an Halloween.

Weihnachtszeit ist Bastelzeit, und die Festvorbereitungen machen der ganzen Familie Spaß. Kinder werkeln mit Sicherheit begeistert mit und freuen sich zu Nikolaus über die Stiefel mit Süßigkeiten und Spielzeug.

Etwas ungewöhnlich, aber sehr dekorativ ist der Kranz aus papierenen »Eichenblättern« mit vergoldeten Beeren oder Hagebutten.

Lustige Packpapierstiefel: Vorder- und Rückseite werden aus Packpapier zugeschnitten und an Bund, Ferse und Zehen mit bunten Bordüren verziert. Nach dem Trocknen des Klebstoffs von Hand mit Baumwollgarn oder Bast die Ränder abnähen.

Es muß nicht immer Tanne sein

OBEN UND RECHTS: Ein Kranz ganz ohne Grün. Dieses eigenwillige Exemplar besteht aus »Eichenblättern«, die aus der Fotokopie eines alten Dokuments ausgeschnitten und auf einer Seite mit Goldfarbe besprüht wurden. Blätter und vergoldete Hagebutten mit dünnem Golddraht an einem Drahtring befestigen.

FRÖHLICHE EIERPARADE

Ostern

OBEN: Schnell gemacht und eine witzige Idee für Kinder sind diese Halsketten. Fertig gekaufte Eier aus Papiermaché werden mit Kaltfarben oder wasserfester Tusche gefärbt. Nach dem Trocknen mit buntem Zierrat und Glitter bekleben und zum Schluß mit Hilfe einer Stopfnadel auf einen Gummifaden ziehen, dazwischen Perlen in Pastelltönen fädeln.

Ostern ist zugleich Frühlingsbeginn – zum Familienfest mit allem Drum und Dran gehört der Spaziergang mit eifriger Eiersuche genauso wie das große Osterfrühstück. Phantasievolle Hüte und Körbchen voller bunt bemalter Eier in einem Nest aus Papierstreifen machen Kindern Spaß.

Diese Seite: Für die Osterhüte bieten sich alle möglichen Papierreste an, von Tonkarton bis zu Tortenspitzen und Servietten. Für die Grundform wird aus Karton ein Kreis von rund 40 cm Durchmesser ausgeschnitten, bis zur Mitte geschlitzt, dem Kinderkopf angepaßt und mit doppelseitigem Klebeband zusammengeklebt. Mit Tortenspitzen unterschiedlicher Größe, bunten Papiermotiven, Bändern und Schleifen verzieren.

LINKS: Muffinförmchen verwandeln sich in Eiernester. Einfach ringsum eine Fransenkante schneiden.

DIESE SEITE: Papierborten für Regalbretter sind schnell gebastelt. Aus Papierresten zunächst eine Schablone herstellen. Das Muschelmuster wird aus weißem Zeichenpapier ausgeschnitten und mit einer Lochzange dekorativ ausgestanzt.

Fein in Schale

Nach dem langen Winter erfreut die frühlingshafte Farbpalette das Auge: Dottergelb, Bonbonrosa, Himmelblau und Grasgrün. Handbemalte Eier in frischen Frühlingsfarben bilden den attraktiven Mittelpunkt des Osterfrühstücks.

LINKS UND UNTEN: Die hohe Kunst des Eierfärbens ist hier mit fröhlichen Papiermotiven kombiniert, verwendet wurden Reste von Geschenk- und Origamipapier. Die Eier hart kochen und mit Textilfarben oder Tusche kalt kolorieren. Trocknen lassen. Blumen, Streifen, Wellen und Punkte aus Papier ausschneiden und mit PVA-Kleber fixieren.

Zeit für einen Liebesgruß. Niedliche Amouretten oder Herzen in zarten Rottönen sind zauberhafte Motive für Valentinskarten. Ein Fotoalbum aus rotem Papier erinnert an kostbare Augenblicke. Gartenblumen oder rote Rosen werden in liebevoll drapiertem Seidenpapier überreicht.

LINKS: Das traditionelle Rosenbukett ist hier in blütenzartes Seidenpapier gewickelt. Die Kanten sind bogenförmig eingeschnitten und mit rosa und roten Papierherzen beklebt.

GEGENÜBER OBEN: Über eine liebevoll selbst gefertigte Valentinskarte freut sich jeder. Eine neutrale Grußkarte mit Fotokopien alter Liebesbriefe bekleben, eine Herzform hineinschneiden und mit rotem Seidenpapier unterlegen.

GEGENÜBER, GROSSES BILD: Am Valentinstag sollten Sie Ihren Liebsten einmal so richtig verwöhnen: sinnlich duftendes Öl für das Badewasser, ein romantischer Abend bei Kerzenschein... Glatte Teelichtgläser werden mit Papierspitze und etwas doppelseitigem Klebeband zu exquisiten Leuchten.

Auf Rosen gebettet

Auf die Schätze ...
fertig ... los ...

RECHTS: Bei unserer Kinderparty waren Tierfiguren der Hit – mit Gummistempeln sind sie schneller gemacht als mit Schablonenmalerei. Ungiftige Farbe auf einer Palette oder einem Teller mischen und mit einem Schwämmchen gleichmäßig auf den Stempel auftragen. Die Stempel fest auf den Karton drücken. Nach dem Trocknen ausschneiden und an Teller- und Becherränder kleben.

Für Kinder sind Partys mindestens so aufregend wie für Erwachsene. Meist muß es schnell gehen, da bieten sich Einwegteller, Papierservietten und -tischtücher an, zumal nichts zu Bruch gehen kann. Lassen Sie die Kinder beim Basteln und Tischdecken mithelfen. Leuchtende Farben und viel Phantasie werden nach bestimmten Themenvorgaben kombiniert: Märchengestalten, eine Fußballmannschaft, Spielzeugfiguren, Zootiere oder Zeichentrickhelden.

OBEN: Nicht nur Piraten gehen gerne auf Schatzsuche. Das beliebte Spiel, auch Schnitzeljagd genannt, ist auf jedem Kindergeburtstag ein absolutes Muß. Auch hier leisten die Tierfiguren gute Dienste – als Hinweise auf den Schatz. Je nach dem Alter der Kinder mehr oder weniger versteckt im Haus oder im Garten plazieren.

RECHTS UND UNTEN: Für die Papiertüten mit Süßigkeiten werden verschiedenfarbige Kartons übereinandergeklebt und mit Tierfiguren bestempelt. Zur Spitztüte wickeln und mit doppelseitigem Klebeband fixieren. Zwei Löcher stanzen und Bast als Tragegriff hindurchziehen.

HEXENTANZ UND ZAUBEREI

Halloween

Schaurig geht's zu am Abend vor Allerheiligen. Vollmonde, glitzernde Sterne und Lampions erhellen die Nacht und machen den Hexentanz zum wohlig gruseligen Vergnügen. Geister, Hexen und Dämonen gilt es an Halloween zu vertreiben. Das keltisch-angelsächsische Fest stammt ursprünglich aus Irland, gelangte von dort nach Nordamerika und wird inzwischen auch bei uns immer häufiger gefeiert – am liebsten natürlich von Kindern.

OBEN UND GEGENÜBER: Kinder helfen eifrig bei der Herstellung von Halloweenkostümen. Für den Hexenhut wird eine schwarze Spitztüte an der Öffnung ringsum eingeschnitten. Darauf als Hutkrempe einen breiten Pappring kleben, und den Hut mit bunten Sternen und Monden schmücken. Der passende Umhang wird aus japanischem Mitsumatashi-Papier gefertigt und mit einer Kordel an der Oberkante gerafft.

RECHTS: In Bäume gehängt, verbreiten diese orangefarbenen Lampions Geisterstimmung im Garten, vor allem, wenn sich grausige dicke Spinnen darunter abseilen.

GANZ RECHTS:
Teelichte in Marmeladengläsern und Papiertüten leuchten in den Gartenbeeten. Fledermäuse und Monde aus schwarzem Papier greifen das Gruselthema auf.

Papiermuseen

Historische Papiermühlen sind schon allein durch ihre Lage in landschaftlich reizvollen Gegenden lohnenswerte Ausflugsziele. Papierbegeisterte kommen dort gleich in mehrfacher Hinsicht auf ihre Kosten: zum einen durch anschauliche Informationen bis hin zur Möglichkeit, selbst einmal Papier herzustellen, zum anderen durch die vielfältige Auswahl an Papieren, die in den Museumsläden in der Regel angeboten werden.

Technisches Museum
Papiermühle Niederzwönitz
Köhlerberg 1
D–08297 Zwönitz
Tel. 037754-2690
Di – So 9.00–18.00 Uhr
(1. Nov. – 31. März
9.00–16.00 Uhr)

Rheinisches Industriemuseum
Papiermühle Alte Dombach
D–51465 Bergisch Gladbach
Tel. 02202-93668-0
Di – So 10.00–17.00 Uhr

Papiermuseum Düren
Wallstr. 2-8
D–52349 Düren
Tel. 02421-252313
Di – Fr 10.00–13-00 Uhr
14.00–17.00 Uhr
(Di bis 21.00 Uhr)
Sa & So 10.00–17.00 Uhr

Museum Papiermühle
Homburg
Gartenstraße
D–97855 Homburg/Main
Tel. 09395-99222
1. Mai – 31. Okt.
Di – Fr 10.00–12.00 Uhr
14.00–16.00 Uhr
(Sa, So & Feiertage bis 17.00 Uhr)

Österreichisches
Papiermacher-Museum
Laakirchen – Steyrermühl
Museumsplatz 1
A–4662 Steyrermühl
Tel. 0043–7613-3951
15. März – 31. Okt.
Di – So 10.00–16.00 Uhr

Basler Papiermühle
Schweizerisches Museum
für Papier, Schrift und Druc
St. Alban-Tal 37
CH–4052 Basel
Tel. 0041-61-2729652
Di – So 14.00–17.00 Uhr
Museumsladen:
Di – Fr 10.15–12.00 Uhr,
13.45–17.15 Uhr

Danksagung

Autorin und Herausgeberin möchten allen danken, die ihnen ihre Häuser für Fototermine zur Verfügung stellten, insbesondere Marian Cotterill, Frazer Cunningham, Gillian Rowe und Ros Fairman.

Mein wärmster Dank gilt Polly Wreford für ihre hinreißenden Fotos und ihre unendliche Gelassenheit bei den Fototerminen. Danken möchte ich auch ihrem Assistenten Matt, der bei den Requisiten eine unschätzbare Hilfe war.

Ganz besonders danken möchte ich meiner Assistentin Louisa Grey für ihre unermüdliche Unterstützung sowie Nel Haynes und Lorraine Dawkins, die mehrere Tage lang begeistert für die Osterdekoration gesorgt haben.

Herzlichen Dank an meine Familie und meine Freunde für ihre enorme Hilfsbereitschaft und Unterstützung, und das, obwohl ich fast ein halbes Jahr lang von nichts anderem geredet habe!

Zu ewigem Dank verpflichtet bin ich allen, die mir ihre Werkstücke und Requisiten für Fotos zur Verfügung stellten, sowie meinen mit wahrer Engelsgeduld gesegneten Kindermodels Dylan, Felix, Alexandra, Yasemin und Scarlett.

Nicht zuletzt möchte ich auch Ryland Peters & Small meinen Dank aussprechen. Die Verlagsmitarbeiter leisteten großartige Arbeit bei der Entstehung dieses Buchs, namentlich Alison Starling, Gabriella Le Grazie, Clare Double, Sally Powell, Kate Brunt und Sarah Hepworth.

Übersetzung: Birgit Lamerz-Beckschäfer, Datteln
Lektorat/Redaktion:
Susanne Rick, Gabriele Schiffer, München

Die Originalausgabe erschien 2001
unter dem Titel »Paper Details« bei
Ryland Peters & Small Ltd.
Kirkman House
12-14 Whitfield Street
London, W1T 2RP

Printed in China

ISBN 3-933861-42-X